Angelika Tzschoppe
Wohl dem, der dann ein Freibad hat

1

ANGELIKA TZSCHOPPE 1945 in Oberfranken geboren, lebt in Hollfeld in der Fränkischen Schweiz. Sie ist verheiratet, hat zwei Söhne und drei Enkelkinder und kann sich einen Sommer ohne Freibad nicht vorstellen.

Angelika Tzschoppe
Wohl dem, der dann ein Freibad hat

Bibliografische Information der Deutschen
Nationalbibliothek
Die Deutsche Nationalbibliothek verzeichnet diese
Publikation in der Deutschen Nationalbiografie,
detaillierte bibliografische Daten sind im Internet
über http://dnbdnb.de abrufbar.

© 2020 Angelika Tzschoppe
Herstellung und Verlag
BoD – Books on Demand, Norderstedt

ISBN 9783750452435

Inhalt

Vorwort   6

Freibäder in 50ern   9
So lernten wir schwimmen   14
Bademoden   18
Freibad in Naila   25
Erinnerungen   28
Einweihungsgedicht 2001   38
Stress im Hollfelder Freibad 2009 39
Schwimmbad- und Rutschencheck   41
Kurioses   44
Glücksgefühle 49
Pack die Badehose ein   51
Itsy bitsy   53
Sommerhitze   55
Studienplatz Freibad   58
Geschichte vom kleinen Freibad   61

Schluss   65
Bildnachweis   67

Vorwort

Im Schatten 32 Grad!
Wohl dem, der dann
ein Freibad hat...

„Seid froh, dass ihr ein Freibad habt. Wir hatten früher auch mal eins, aber leider wurde es geschlossen"... Das bekomme ich oft zu hören, wenn ich von unserem kleinen Freibad in Hollfeld schwärme. Eine Schließung war das Schicksal mancher kleinen Freibäder, die man hätte sanieren müssen, besonders in kleineren Städten. Freibäder sind in Not gekommen. Sie wurden von Thermen und Spaßbädern verdrängt, die mit immer größeren Attraktivitäten locken. Mit dem traurigen Ergebnis, dass immer weniger Kinder richtig schwimmen lernen. Viele Kinder können nur 25 m für das Seepferdchen schwimmen – aber nicht 200 m am Stück.

Ohne Freibad fehlt in den kleinen Städten ein wichtiger Treffpunkt, außerdem sind Freibäder wichtig für einen lebendigen Tourismus. Der jetzige bayerische

Ministerpräsident, damals noch Finanzminister, hat das 2017 erkannt und sich vorgenommen für die Sanierung von Bayerns Freibädern ab 2019 mehr Geld bereitzustellen. „Wir wollen nicht, dass Freibäder auf dem Land wegen hoher Sanierungskosten reihenweise schließen müssen" (N. K. Frühjahr 2017).

Ein Bürgermeister einer kleinen Stadt berichtet im Internet: „Wir haben unser Freibad ohne modernen teuren Schnickschnack renoviert. Darauf sind wir stolz".

Die steigenden Sommertemperaturen verlangen geradezu nach kleinen kommunalen Freibädern. Wohl dem, der dann ein Freibad hat!

Freibädern in den 50ern

Laut Wikipedia ist ein Freibad „eine im Freien angelegte öffentliche Badeanstalt. Diese Anlage besteht neben der eigentlichen Schwimmgelegenheit auch aus Umkleidekabinen, Toiletten, Liegeflächen und wird von Aufsichtspersonen überwacht. Für die Benutzung der Anlagen wird normalerweise eine Gebühr erhoben".

Zu dieser Grundausstattung gab es oft noch kalte Duschen, einen Sprungturm und einen Kiosk.

Dabei hatte man: Badeanzug, - hose, Handtuch, Decke, Schwimmreifen oder Korkgürtel, Buch, Brot und Apfel und das Geld für den Eintritt. Besonderer Luxus waren Ball und Federballspiel.

Ich kann mich an lange Hitzeperioden in meiner Kindheit in den 50ern erinnern. Und dann hieß es: Ab ins Freibad! In den Sommermonaten tobte dort das Leben. Viele Kinder kamen gleich nach der Schule, manche machten dort ihre Hausaufgaben. Ältere Kinder kamen mit dem Rad, niemand wurde mit dem Auto hingebracht. Für 80

Pfennig konnte man den ganzen Nachmittag im Bad verbringen. Bekam man eine Mark mit, langte das Geld auch noch für Bärendreck (Lakritze) oder Lutscher. Man traf Freunde und Freundinnen. (ohne sich mit dem Smartphone vorher zu verabreden).

Der Bademeister war Respektsperson: braungebrannt, in weißer Sportkleidung saß er auf seinem erhöhten Stuhl am Beckenrand und hielt Aufsicht. Ab und zu ertönte ein Pfiff auf seiner Trillerpfeife, wenn jemand vom Beckenrand ins Wasser sprang oder wenn jemand ins Wasser geschubst oder getaucht wurde. Wer öfters verwarnt wurde, musste mit Badeverbot rechnen. Ab und zu brauchte jemand ein Pflaster oder eine Scheibe Zwiebel nach einem Insektenstich. Wer Glück hatte, ergatterte einen Schattenplatz unter einem Baum. Ansonsten brutzelten wir ungeschützt in der Sonne. Sonnencreme – Fehlanzeige und Sonnenbrand war an der Tagesordnung. Dummerweise merkte man es erst am Abend. Unvorstellbar, dass eines Tages davor gewarnt werden würde, an heißen Tagen die

Sonne zu meiden. Die Schlagwörter Hautkrebsrisiko und Ozonbelastung waren damals noch unbekannt. Erst in den 60ern benutzten wir Sonnencreme. Der blaue Wasserball mit der Aufschrift NIVEA gehörte zum Freibad dazu. Meine erste Sonnenmilch hieß Zeozon. An den Duft kann ich mich heute noch erinnern.

Ach ja, und so manche Liebschaften nahmen auf der Liegewiese oder am Beckenrand ihren Anfang.

Die Umkleidekabinen waren kleine dunkle Holzkabinen in einer langen Reihe nebeneinander. Von oben kam etwas Tageslicht herein. An der Wand ein Haken, eine Sitzbank aus Holz, an der ich mir manchmal einen Spreißel im Po holte. Das Holz war von der Sonne aufgewärmt, die Luft war heiß und stickig und roch nach feuchten Badehosen und Pipi. An manchen Kabinenwänden konnte man das Holz im Astloch herausdrücken (manchmal steckte auch nur eine kleine Papierkugel darin) und konnte mit Herzklopfen einen Blick in die Nebenkabine wagen. Die gleichaltrige Anita hat ja schon einen kleinen Busen und ich noch nicht...Hoffentlich hat sie nichts gemerkt. Tagelang hatte ich ein schlechtes Gewissen. Die Riegel an den Türen waren rostig und ließen sich nur schwer bewegen. Ich war immer froh, wenn ich wieder draußen war.

13

So lernten wir schwimmen

In der Grundschule hatten wir keinen Schwimmunterricht. Die wenigsten Eltern gingen damals mit ihren Kindern ins Freibad. Die Mutter meiner Freundin Helga bildete eine rühmliche Ausnahme. Ich beneidete sie.

In unserem Freibad in Naila war der Nichtschwimmerbereich mit rotgestrichenen Holzstämmen vom Schwimmbereich abgegrenzt. Zuerst musste man durch das bräunliche Wasser waten. Das war die erste Mutprobe und kostete Überwindung, denn der Boden unter den Füßen war weich und nachgiebig. Ältere Kinder warnten uns vor Blutegeln. Auch Kaulquappen, Mäuse und Frösche wurden entdeckt.

Manchmal nahm mich meine ältere Schwester Gisela mit meiner Freundin Ursula mit. Ich musste mich aufs Wasser legen, Gisela legte ihre Hand unter meinen Bauch und ich strampelte los.Wehe, sie zog ihre Hand weg. Ansonsten übten wir den „Toten Mann": Luft anhalten und sich aufs

Wasser legen - oder den „Hundstrab": mit allen Vieren versuchen sich irgendwie über Wasser zu halten. Außerdem hatte ich immer meinen rotweißen Schwimmreifen aus Gummi dabei und Freundin Helga ihren Schwimmgürtel aus Kork, den später ihr Hamster in tausend Stückchen zerlegte. Da konnte sie zum Glück schon schwimmen. Christa ließ immer etwas mehr Luft aus ihrem Schwimmreifen, bis sie ihn eines Tages gar nicht mehr brauchte.

Oft stellten wir uns vor den roten Holzstamm und versuchten ihn mit einem Sprung zu erreichen. Dabei vergrößerten wir den Abstand. Oder wir hielten uns am Stamm fest und planschten mit den Beinen. Den Kopf hielten wir bei allen Übungen über Wasser.

Allmählich gelang ein Schwimmzug im Wasser, zwei Züge, drei ... Irgendwann schaffte ich eine kleine Bahn mit hektischen Arm- und Beinbewegungen, immer in Reichweite des Holzstammes. Und dann reichte es eines Tages für den „Freischwimmer" und dann für den „Fahrtenschwimmer".

Donnerstag.

Am Nachmittag ging ich
ins Bad, das war lustig. Ursula
sagte zu meiner Schwester
Gisela, schwimm mit mir.
und die Gisela schwomm
mit uns. Das war schön.
Um 6 Uhr gingen wir
heim. Dann aß ich zu
Abend und später ging
ich in mein Bett.

Bademoden

„Der Badeanzug für Damen darf nur aus Flanell oder einem Wollenstoff, nach der Art der sog. Reformkleidung faltig gefertigt, getragen werden und muss bis zum Halse schließen. Herren müssen ebenfalls einen bis zum Halse schließenden Anzug tragen. Der Stoff darf nicht hell, durchsichtig oder durchbrochen sein" (Ostseebad Zoppot , 08.06.1903) Im Jahr 1932 gab es den sog. „Zwickelerlass" in Preußen, der vorsah, dass Badeanzüge bzw. Badehosen mit ausgeschnittenen Beinen und einem Zwickel ausgestattet sein mussten.

Enttäuschter Badegast
Wenn ich im Badeanzug bin und im
Familienbade, geht die Erotik fort.
Wohin weiß Gott. Wie schade.
(Joachim Ringelnatz)

Im Jahr1933 kam ein neues Material für Bademoden auf den Markt: Lastex. Gummifäden durchzogen das Material.

Badeanzüge trockneten schneller und bewirkten einen strafferen Sitz.

Im Sommer 1946 wurde der erste Bikini in Paris vom Designer Louis Reard vorgeführt. Er galt lange Zeit als nicht gesellschaftsfähig und war in einigen europäischen Ländern verboten. Trotzdem war der Siegeszug des Bikinis nicht mehr aufzuhalten. Den Namen verdankt der Bikini einer kleinen Inselgruppe im Pazifik. Die USA benutzte das Bikini-Atoll für Atombombenversuche.

Die Auswahl in der Nachkriegszeit für Bademoden war sehr bescheiden. Für kleine Mädchen und Jungen gab es sog. Spiel- oder Pluderhöschen mit und ohne Träger aus bedrucktem Stoff. Und es gab Anzüge oder Höschen aus Wolle, die meist selbstgestrickt waren, kratzten und nie trockneten.

Mein hellblauer Badeauzug aus Wolle hatte angeschnittene Ärmel und musste zwischen den Beinen zugeknöpft werden. Zum Glück war er mir schnell zu klein. Wie beneidete ich meine Freundin Ursula, die einen leichten, luftigen Badeanzug mit gesmoktem Vorderteil hatte.

Meine Schwester war froh, als sie einen geerbten Badeanzug an mich weitergeben konnte. Er war lila und wurde mit einer roten Kordel am Hals zusammengezogen und bot Platz für erste weibliche Formen, die aber bei mir noch nicht vorhanden waren.

Die Jungen ab einem gewissen Alter hatten es leichter: schwarze Turnhose – fertig.

Heiß geliebt war ein weißer Stoffbadeanzug mit bunten Punkten, den ich mir selbst kaufen durfte. Meine nächsten Badeanzüge waren dann schon aus Nylon oder ähnlichem Material. Meist waren sie einfarbig und hatten eingearbeitete spitze Körbchen.

Mein erster Bikini war eigentlich ein zweiteiliger Badeanzug mit züchtiger Hose und entsprechendem Oberteil. Erst allmählich fiel die Passform immer kleiner aus.

Eine Freundin musste an ihr Bikinioberteil erst einen Spitzenbesatz häkeln, bevor es von ihren Eltern geduldet wurde.

Heutzutage gibt es für alle Mädchen und Frauen eine vielseitige Bademode, die allen Wünschen und Problemen gerecht wird. Männer sind in dieser Hinsicht weniger anspruchvoll.

Und die Mode ändert sich von Jahr zu Jahr und wiederholt sich dabei auch.

In einer „Brigitte"- Zeitung (Sommer 2016) werden teure Häkelbikinis aus Baumwolle vorgestellt. Dazu schreibt eine Leserin in einer späteren Zeitungsausgabe: „So einen Bikini hatte ich auch einmal.... Meine Mutter hatte ihn für mich gehäkelt ... Als ich mit diesem Bikini das erste Mal aus dem Wasser kam, war der schöne Bikini ungefähr zwei Nummern größer, zwei Kilo schwerer, voller Wasser gesaugt und ich war kurz davor, ihn deshalb zu verlieren .... im Wasser war ich nur einmal damit".

Wären noch die Bademützen zu erwähnen: Bademützen aus Gummi mit bunten Blümchen oder einfarbig weiße mit Luftpolstermuster und Band unterm Kinn. Nach längerer Zeit klebte die Mütze zusammen, der Gummi wurde mürbe und begann zu bröseln und nach altem Gummi zu riechen. In manchen Bädern gab es früher Bademützenzwang, jetzt darf jeder wie er mag. Sportliche Schwimmer bevorzugen meist enganliegende Badekappen.

23

Freibad in Naila

2011 wurde das Freibad in Naila, eine Flussbadeanstalt unterhalb der Schwarzenbacher Eisenbahnbrücke, 100 Jahre alt: „ eine Badeanstalt mit vier Kabinen, Freibad, Bassin und Umzäunung, Dusche- Wärter- und Abort-Raum."
Auszüge aus der Badeordnung vom 11. Juli 1911:

- Das Baden ist nur mit Badekleidern gestattet.
- Die Badezeit ist im Allgemeinen von früh sechs bis abends acht Uhr festgesetzt.
- Kinder dürfen die Badeanstalt nur in der Zeit von 11 bis 13 Uhr (Mädchen) und von 15 bis 17 Uhr (Buben) benutzen.
- Als Badezeit ausschließlich für Damen wird die Zeit von 10 bis 11 Uhr und von 14 bis 15 Uhr bestimmt.
- Das Zurücklassen von Papier, Streichhölzchen, Zigarrenstümpfen, Seifen- und Stoffresten in den Ankleideräumen ist verboten.

- Die Gebühren waren:
  10 Pfennige für Erwachsene
  5 Pfennige für Kinder
  Saisonkarte für Erwachsene 2 Mark,
  für Kinder 1 Mark

25 Jahre, später, 1936 entstand das Nailaer Schwimmbad im Dreigrüngrund. Es sollte der Volksgesundheit und Hygiene dienen, war aber auch als Brandschutzanlage für die Stadt Naila gedacht. Die aufgespeicherte Wassermenge war im Brandfall außerordentlich wertvoll.

Das war das Freibad meiner Kindheit und Jugend. Dort verbrachte ich viele schöne Nachmittage. Im Jahr 1967 wurde das Bad an fast gleicher Stelle neu gestaltet und 1969 eröffnet. Ich staunte nicht schlecht, als ich in den Semesterferien nach Hause kam, wie wunderschön das Bad geworden war. Es war jetzt beheizt und hatte größere Becken, Umkleidekabinen und Liegeflächen. Es gab auch einen Sprungturm, von dem ich immer sprang, wenn wenig Badebetrieb war. Es waren etliche Bauchklatscher dabei.

Erinnerungen

1974 zogen mein Mann und ich aus Berufsgründen von Naila nach Hollfeld. Mittlerweilen war ich das neue Bad gewöhnt. Jetzt also Hollfeld! Ich war glücklich, dass es dort auch ein Freibad geben sollte.

Das Hollfelder Freibad im Kainachtal gibt es seit 1934, wurde vom Architekt Dr. Theodor Vogel geplant, kostete 13000 Reichsmark und war damals eines der ersten Bäder in der Fränkischen Schweiz. Es erfreute sich immer großer Beliebtheit bei jung und alt.

Aber Freunde rieten ab: Könnt ihr vergessen! Zu kalt! Zu dreckig! Ihr müsst nach Waischenfeld fahren, dort gibt es ein wunderschönes Freibad. Zugegeben, das Waischenfelder Bad Bad war wirklich sehr schön, aber immer erst 13 km hin und 13 km zurückfahren, lohnte sich nicht immer. Und unsere beiden Kinder, die wir später hatten, waren vorerst mit dem Planschbecken im Garten zufrieden.

Eines Tages wurde es mir zu dumm. Ich ging ins Hollfelder Freibad und stellte fest: So schlimm ist das gar nicht mit kalt und dreckig. Das ist halt so wie Naila vor der Renovierung. Ich verliebte mich regelrecht in das kleine nostalgische Bad, erinnerte es mich doch immer an früher. Und die grünen Algenfäden, die ich mir manchmal nach dem Schwimmen aus dem Badeanzug herauszog, nahm ich gerne in Kauf. Es gab ja eine kalte Dusche. Mann und Kinder konnte ich auch überzeugen.

Von da an hatte ich in meiner Schultasche im Sommer eine kleine „Schwimmtüte" dabei, um nach dem Schuldienst schwimmen zu können.

Jedes Jahr im Frühjahr kam der Aufruf im Mitteilungsblatt: Wir suchen für die Freibadsaison einen Bademeister. Voraussetzungen: Rettungsschwimmer … Bitte reichen Sie Ihre Bewerbung bei der Stadt ein. Banges Warten aller Schwimmbadfreunde. Was, wenn sich keiner findet, sich keiner bereit erklärt? Es fand sich immer ein Bademeister. Und mancher blieb auch länger als eine Saison.

Damals gab es noch keine aufwändige Technik wie heutzutage. Das Wasser kam aus der Kainach, wurde ab und zu erneuert, war entsprechend zuerst sehr kalt, dann sehr warm. Chlor wurde per Hand in das Becken gestreut. Ab und zu entnahm die Gesundheitsbehörde eine Wasserprobe. Geschah das, wenn das Wasser schon grünlich verfärbt war, gab es wieder banges Warten. Was, wenn die Wasserqualität den Anforderungen nicht entsprach? Geschah aber zum Glück nie.

Ungeplant abgelassen wurde das Wasser dennoch einmal. Es muss im Jahr 1980 gewesen sein, an einem Sonntag im August. Als wir am Morgen ins Bad kamen, war das Becken fast leer. Nur ein kleiner Wasserstrahl floss aus einem Schlauch ins Becken. Was war geschehen? Hatte irgendein Scherzbold in der Nacht den Riegel aufgeschoben? Lange Zeit glaubten wir das. Erst später erfuhren wir, dass in der Nacht ein Defekt aufgetreten war. Wie auch immer. Die Kinder hatten einen Heidenspaß, planschten in dem niedrigen eiskalten Wasser und benutzten die schrägen

Seitenwände des Beckens als Rutschen. Aber auch Jugendliche und Erwachsene ließen sich die besondere Badegelegenheit nicht entgehen. Jetzt konnte man auch die Beckenkonstruktion begutachten, die man sonst nur unter Wasser gespürt hatte, wenn man sich an den rauen schrägen Seiten oft Knie und Füße angetoßen hatte.

Wie viele Kubikmeter Wasser passen ins Hollfelder Bad? Mit dieser Rechenaufgabe beschäftigte mein Mann seine Sechstklässler am nächsten Tag.

Die Angst vor einer Schließung des Bades blieb! Jahr für Jahr bangten die Hollfelder. Eine Renovierung war dringend notwendig.

Dann kam das Fernsehen nach Hollfeld und die Hollfelder nutzten die Gunst der Stunde. Bei der Diskussionsrunde : „Jetzt red`i" im Jahr 1992 brachten wir in der prall gefüllten Stadthalle den Zustand unseres Bades zur Sprache. Die eingeladenen Politiker machten uns Mut: „ Lasst euch was einfallen. Macht eine Eingabe im Ministerium und setzt euch selbst dafür ein. Die Zeiten dafür sind günstig".

Daraufhin planten und organisierten

interessierte Hollfelder Bürger drei Badefeste mit Nachtschwimmen (1993, 1994, 1995). Die drei Feste wurden ein voller Erfolg. Den Erlös spendeten wir für eine Renovierung unseres Bades. Und der Stadtrat reagierte: 1999 erfolgte die Renovierung, 2000 die Eröffnung im August und 2001 die Einweihung.

Meine Kusine fand kürzlich eine Karte, die ich 1999 geschrieben hatte: „Unser Bad wird heuer saniert und hat geschlossen. Ich leide!"

Aber die Leidenszeit hat sich gelohnt. Jetzt haben wir wirklich ein wunderschönes Freibad in einer herrlichen Umgebung und seit 2001 denselben Bademeister. Die neue Berufsbezeichnung für Bademeister ist inzwischen "Fachangestellter für Bäderbetriebe", denn außer den Badegästen müssen auch die technischen Anlagen überwacht werden. Das renovierte Bad ist beheizt, hat ein 33m langes Schwimmbecken, eine 16m lange Hangrutsche, ein Kleinkinderbecken, eine überschaubare Liegewiese mit Kinderspielplatz, Beachvolleyballfeld,

Tischtennis und eine Cafeteria mit Sonnenterrasse.

Seit 2003 gibt es den Hollfelder Triathlon, seit 2015 einen Förderverein, der noch neue Mitgliedern sucht, um den Bestand des Freibads zu sichern. 2016 entschied ein Wettbewerb über einen neuen Namen für das Bad: H_2OLLFELD Familienbad, kurz $H_2$0.

Bade- und Gebühren-Ordnung
des Städtischen Schwimmbades Hollfeld.

1. Das Hollfelder Schwimmbad ist als Familienbad für uns werktäglich geöffnet so —
Werktags von morgens 9 Uhr bis 21 Uhr,
Sonn- und Feiertags von vormittags 7 Uhr bis 21 Uhr.
Jn besonderen Fällen kann jedoch eine Verkürzung der Badezeit vorgenommen werden. Nach Bekanntgabe durch Glockenzeichen für den Schluß der Badezeit haben die Gäste innerhalb 15 Minuten die Badeanstalt zu verlassen.

2. Der Badewärter hat das Recht, Personen den Eintritt ohne jede Begründung nicht zu gestatten.

3. Die Badeordnung darf nicht gestört werden. Personen dürfen nur baden, wenn sie einen Badeanzug tragen. Männer müssen Badeanzug oder ordentliche Badehose tragen. Die sog. Turnel-Badehosen sind verboten. Die Badeanlagen dürfen in Rücksichtnahme nicht verletzt werden.

4. Auf jegliche Reinlichkeit ist zu achten. Vor Eintritt oder Einsprung in das große Bassin ist das Schwimmbecken an der Brause zu reinigen, sowie sollen dabei die Überkleidungen abgelegt werden. Das Rauchen und Spucken im großen Bassin sowie jede Verunreinigung des Wassers ist unter allen Umständen verboten.

5. Nichtschwimmer und schlechte Schwimmer dürfen sich nur in dem dazu, in der flacheren Teil des großen Badebeckens aufhalten.

6. Die Benützung des Sprungbrettes sowie des Sprungbrettes ist nur geübten Schwimmern gestattet.

7. Jede Person über 14, die in der Badeanstalt ein Gut Einrichtungen entdeckt, kann die Haftpflicht gestellt der an Privatpersonen nach ihrem Haftung übernommen. Die Herzegeschädigte die den Gütern zur Aufbewahrung übergeben werden, werden 10 Rpf. Gebühr berechnet.

8. Kinder unter 7 Jahren dürfen sich nur unter Aufsicht einer erwachsenen Person in den Badeanlagen sowie jedem von 14 Jahren aufhalten dem den erwachsenen Person in den [...] nicht zu [...]

9. Badegäste begeben sich auf eigene Gefahr in die Badeanlage und dürfen sich nur auf den echten Anlagen aufhalten.

10. Bei aufbrechende oder ansteckenden Krankheiten behaftet Personen dürfen die Badeanstalt nicht besuchen. Betrunkene haben keinen Zutritt.

11. Das Mitbringen von Hunden ist verboten.

12. Das Photographieren zu gewerblichen Zwecken ist verboten.

13. Jst Schwimmbecken müssen an dem Eigen bekommene Müll überstellt werden, eine Haftung wird hierfür nicht übernommen.

14. Gefälle von Dagen, Fruchtschalen u. dgl. Jst in die aufgestellten Körbe zu werfen.

15. Unbefugtet Überschreiten der Einrichtung des Bades wird nach § 123 RStGB. als Hausfriedensbruch strafrechtlich verfolgt.

16. Über jede Belästigungen der Badeordnung wird [...] oder [...] dauernd bestimmt, bei Vorgründung durch den Badewärter zu gestatten.

17. Jst das Jahr 1934 sind die Gebühren für die Benützung des Bades wie folgt festgelegt:

A. Einzelkarten		B. Saisonkarten	
Für Kinder	10 Rpf.	Für Kinder	1 RM.
Für Erwachsene	20 Rpf.	Für Erwachsene	3 RM.
Familienkarte	15 Rpf.	Eine Familienkarte	4 RM.

Kinderkarte RM. und RM. unter Führung (mindestens 25 Personen) pro Person 10 Rpf.

Schulkinder unter Führung (mindestens 10 Kinder) pro Kind 5 Rpf.

Einzelkabinen: Benützungsdauer 2 Stunden 10 Rpf. Wechselkabine: 5 Rpf.
Für jede weitere 1 Stunde 10 Rpf.

Badeschuhe und Handtücher werden solange gegen geringe Gebühr vom Bademeister abgegeben. Die Erlangung eines Handels wird 10 Rpf. gestellt.

Sämtliche Gebühren sind im Voraus zu entrichten.

Die Einzelkarten sind beim Betreten der Badeanlage zu lösen. Saisonkarten werden in der Stadtkanzlei Hollfeld ausgestellt und sind beim Eintritt in die Badeanlage vorzuzeigen.

Hollfeld, den 17. Mai 1934.
Stadtrat Hollfeld.

Aus alten Zeiten...

Städt. Schwimmbad, Hollfeld im Kainachtal

Das Hollfelder Freibad am Eingang des Kainachtals war schon in den 30er Jahren ein Postkartenmotiv wert

Schwimmbad

Nun schwimmt
und seid froh!
Wir gehn ins H₂O

Einweihung des neuen Bades 2001

Ihr Leut` von Hollfeld seid bereit,
denn jetzt beginnt die Badezeit.
Kommt alle her, alt ob jung,
hinein ins Wasser mit `nem Sprung.

Im Schatten 32 Grad,
`ne Katastrophe ohne Schwimmbad!
Doch heuer ist`s Vergangenheit
und das ist uns`re größte Freud.

Nicht nur die Jugend hat ihren Spaß,
wenn sie hineinrutscht ins kühle Nass!
Auch für die Alten ist`s gesund,
denn man verliert so manches Pfund!

Die Luft zu kühl, das Wasser zu kalt,
die Ausred`, ach, die ist schon alt.
Der Stadtrat, der hat nicht gegeizt,
das Hollfelder Freibad ist beheizt!

Touristen kommt von nah und fern,
so hat`s der Bürgermeister gern.
Ein neues Bad kostet viel Geld,
d`rum macht euch auf nach „Bad Hollfeld"!

Stress im Hollfelder Freibad 2009

Der Stadtrat, der sagt heuer:
„Das Freibad kommt zu teuer.
Den Eintritt woll`n wir nicht erhöh`n,
die Leut sonst nicht mehr baden geh`n."

Das liebe Geld macht oft Verdruss,
doch schließlich fasst man den Beschluss:
„Wir spar`n die Mäharbeiter ein
und schicken unsre Ziegen rein".

Dann eines Morgens um halb zehn,
ließ sich die erste Ziege seh`n.
„Meck, meck, welch saftig, grünes Gras,
hier macht das Fressen richtig Spaß".

Der Bademeister sieht`s mit Groll:
„Die scheißt doch meine Wiese voll!".
Mit einer Brezel lockt er sie:
„Hinaus mit dir, du olles Vieh!".

Per Handy funkt Gerd SOS:
„Ihr von der Stadt, ihr macht mir Stress.
Ihr holt sofort die Ziege raus,
sonst ist es mit der Freundschaft aus!".

Die Stadträte seh`n schließlich ein,
der rechte Weg kann das nicht sein.
„Hollfelder Bürger kommt in Scharen,
dann muss die Stadt nicht so viel sparen
und braucht den Eintritt nicht erhöh`n
im nächsten Jahr 2010!".

Scherzgedicht zum Saisonabschied

Schwimmbad- und Rutschencheck

„Schwimmbäder gibt es schon seit 2000 Jahren. Während aber die alten Römer eher ins Schwimmbad gegangen sind, um zu entspannen und Geschäfte zu machen, kann es heute gar nicht aktionsreich genug sein. Superschnelle Rutschen, Sprungtürme und Wellenbäder sind mittlerweilen fast Standard im Schwimmbad", so lese ich bei Wikipedia.

Und im Internet finde ich einen Schwimmbadcheck: Wo finde ich für mich das optimale Freibad? Es gibt vier Kategorien:
– schnelle Rutschen, hohe Wellen
– sportliche Bahnen ziehen
– bitte etwas ruhiger
– mein Kind planscht gerne im Babybecken.

Die Familienzeitschrift Nido listet in einer Sommerausgabe von 2017 einen Rutschencheck auf. Wo gibt es die höchste

Rutsche, wo die längste, wo gibt es die breiteste Rutsche? Die breiteste mit 30 m gibt es im Freibad Eschersheim. Eine Rutsche nur für Männer, namens „X-Treme Faser", gibt es in der Therme Erding. Dort ist die Beschleunigung so stark, dass Frauen sie nicht nutzen dürfen, aufgrund ihrer weiblichen Anatomie. Dafür gibt es 25 andere Rutschen. Die älteste Rutsche ist eine Naturrutsche. Dann gibt es noch eine verdrehteste, eine lustigste und eine schnellste Rutsche.

Die meisten Attraktivitäten gibt es in Thermen, aber auch Freibäder locken inzwischen mit Breitbandrutsche, Wasserfall, Wellenbad, Tauchbecken, Erlebnisbecken, Wasserlaufweg, Gegenstromanlage, Massagesprudler, Kneippanlage, Strömungskanal ....

Zum Glück gibt es auch Menschen, die kleine Bäder noch schätzen oder sich von dem 16 Grad kalten Badesee nicht schrecken lassen, die Natur lieben und mit dem Picknickkorb losziehen. Und glücklich, wer ein Schwimmbad vor Ort hat und es zu Fuß oder mit dem Rad erreichen kann.

Kurioses

Seit 115 Jahren wird im Strandbad „El Pedocin", in Triest in Italien, geschlechtergetrennt gebadet: Männer rechts, Frauen links. Eine große weiße Mauer trennt Männer und Frauen. Nur Kinder und Rettungsschwimmer sind von der Trennung ausgenommen.

Italienische Frauen stünden unter Druck stets toll aussehen zu müssen. Ein paar Kilo zu viel oder ein nicht perfekter Körperbau sind da kein Problem, meint die Journalistin Brusaferro. Ohne Männer würden sie sich wohler fühlen. Männer dagegen schätzen das getrennte Bad, weil sie Ruhe vor nörgelnden Gattinen haben, so die Meinung von der rechten Seite. Mehr Gezänk gäbe es links, mehr Macho-Witze rechts. Aber einmal im Jahr gibt es ein gemeinsames Sommerfest.

In der Zeitschrift „Puppen und Spielzeug" vom Mai 98 stellt Gudrun Scholz-Knobloch ein Puppenschwimmbad aus Blech von 1919 vor. Sie schreibt dazu: „"Originell ist die Vorrichtung zum Schwimmenlernen. Hier kann ich aus eigener Erinnerung an die 50er Jahre die Erklärung beisteuern: Man bekam vom Bademeister einen Ledergürtel um die Taille geschnürt, an dem wiederum ein Seil befestigt war, welches über eine Art Winde lief. Man musste nun ins total unbeheizte Wasser klettern, sich auf den Bauch legen und wurde dann an dieser „Longue" entweder leicht über das Wasser gelegt oder auch mal wesentlich tiefer eingetaucht. Dann stand einem das Wasser buchstäblich bis zum Halse. Der Bademeister brüllte seine Anweisungen ins Becken unter sich. Mit dieser etwas rauen Methode lernte man das Schwimmen besonders schnell".

Am Bondy Beach bei Sydney in Australien gibt es am Pazifik einen 1 Kilometer langen Traumstrand. Ende des 19. Jahrhunderts war es verboten bei Tag zu baden. Bikinis wurden erst seit 1961 erlaubt. Davor kontrollierte der Strandinspektor mit dem Maßband, ob Badegäste ihre Blöße regelgemäß bedeckt hatten. (Zeitschrift

Geosaison 7/17).

Bei der Olympiade 1912 in Stockholm dürfen Frauen nur in Brustlage schwimmen, Rückenlage wird für schamlos befunden.

In Karlsruhe eröffnet eines der Freibäder bereits Ende Februar. Das Bad wird mit Fernwärme beheizt. Der Bademeister, warm angezogen, muss meist bei Nebel ständig um das Becken herumlaufen, damit er die Schwimmer beobachten kann.

Die Tageszeitung Nordbayerischer Kurier vom 1. 6. 1991 berichtet vom kalten Wetter im Monat Mai. Im Kreuzsteinbad Bayreuth waren die Bademeister häufig unter sich geblieben. „Wir hatten mehrmals die Situation, dass zwei Bademeister auf einen Besucher aufzupassen hatten.

Im N.K. Vom 16. 9.2017 werden Kreuzfahrtschiffe vorgestellt. Die „Carnival Horizon" hat an Bord einen Wasserpark mit einer 137 m langen Rutsche!

Das Hollfelder Freibad hat eine 16 m lange Hangrutsche. Aus dem Gespräch zweier Jungen: „Wenn die Hollfelder Stadt mehr Geld hat, lassen die Stadträt bestimmt noch a paar Meter dranbaua".

Aus dem Ferienprogram für Mädchen: Schwimmkurs für Meerjungfrauen (mit Leihflosse).

Im Bayreuther Kreuzsteinbad entdecken Männer vom Bauhof nach Neujahr Fußspuren auf der eiskalten Rutsche und einen alten Christbaum.

In der Zeitung lese ich von einer Ingenieurin und Tauchlehrerin, die manchmal zur Arbeit durch den Main von Hessen nach Bayern schwimmt, weil die Fähre nicht mehr am frühen Morgen ablegt.

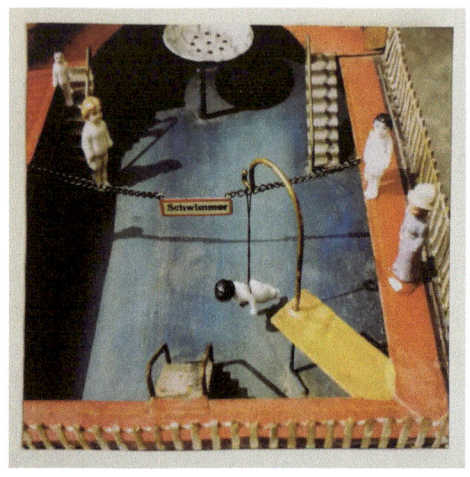

48

Freibad – Glücksgefühle

- die erste sein im Wasser („mein Bad"-Gefühl)
- auf dem Rücken liegen, Wolkenformationen beobachten, den Vögeln nachschauen
- nach vielen Wolken die ersten Sonnenstrahlen genießen
- bei Regen sich über die hüpfenden Regentropfen freuen und die kleinen Kreise, die sie bilden
- das Prasseln der Regentropfen auf dem Gesicht spüren
- oder das Stechen spitzer kleiner Pfeile
- sich vom feinen Nieselregen liebkosen lassen
- nach dem Schwimmen auf die sonnenwarme Holzliege legen,, Augen schließen und spüren, wie die Wärme den Körper durchdringt (wie schön, dass die alten nostalgischen Holzliegen wieder repariert wurden: „ die gehören einfach zu unserem Bad")

- dem frohen Kreischen der Kinder zuhören (In Spaßbädern klingt es lauter und aggressiver)
- die Freude, wenn man sich trotz vieler Termine ein paar Schwimmbahnen ertrotzt hat
- das Gefühl des „Neugeborenseins", des „Bäumeausreißenkönnens" oder den „ Frischekick" nach einem längeren oder kälteren Wasseraufenthalt
- bei kühlem Wetter ins relativ warme Wasser eintauchen
- bei noch kühlerem Wetter das Wasser „dampfen" sehen
- den Heißhunger danach stillen können, egal womit auch immer

Der Conny Froboess – Hit von 1951
„Pack die Badehose ein"

Wenn man in der Schule sitzt, über seinen
Büchern schwitzt
und es lacht der Sonnenschein, dann möcht
man draußen sein.

Ist die Schule endlich aus, gehn die Kinder
froh nach Haus
und der kleine Klaus ruft dem Hänschen
hinterher:

Pack die Badehose ein, nimm dein kleines
Schwesterlein
und dann nichts wie raus ins Strandbad.
Ja, wir radeln wie der Wind durch den
grünen Wald geschwind
und dann sind wir bald im Strandbad.

Hei, wir tummeln uns im Wasser, wie die
Fischlein, das ist fein
und nur deine kleine Schwester, ach, die traut
sich nicht hinein.

Pack die Badehose ein, nimm dein kleines Schwesterlein,
denn um acht müssen wir zu Hause sein.

„Wolln wir heut ins Kino gehn und uns mal „Tom Mix ansehn"
fragte mich der kleine Fritz, ich sprach: „Du machst nen Witz!

Schau dir mal den Himmel an, blau so weit man sehen kann.
Ich fahre an den Wannsee und pfeife auf „Tom Mix".
Pack die Badehose ein ...

Itsy bitsy Teenie Weenie, Honolulu Strandbikini

Am Strand von Florida ging sie spazieren
badabab
und was sie tat, hätte keinen gestört
badabab
nur eine einsame piekfeine Lady,
badabab
fiel in Ohnmacht und war sehr empört.

8,9,10, na was gab`s denn da zu sehn?
Es war ihr Itsy Bitsy Teenie Weenie
Honolulu Strandbikini,
er war schick und er war sehr modern-
Ihr Itsy .....
ja er gefiel ganz besonders den Herr`n.
1,2,3, ja was ist denn schon dabei?

Die Cavallieros am Pool Gababana,
badabab
die rannten ihr immerzu hinterher.
Da rannte sie weg und vor Schreck
gleich ins Wasser

dabei ertrank sie beinah noch im Meer.
8,9,10, …..

Ja in Venedig war grad Biennale,
ein Fotograf hielt sie für nen Star.
Doch in der Zeitung stand später zu lesen,
dass der Bikini nur schuld daran war.
8,9,10,….

Und so zog sie den Bikini, den sie nirgends
tragen kann,
ganz allein für sich zu Hause in der
Badewanne an.

Sommerhitze
(Gedicht von Christel Süssmann)

Kinder, ist das eine Hitze!
Kinder, ist das heute heiß!
Nur zwei Sachen gibt`s, die nützen:
Badengehen oder Eis.

Beides ist nicht zu verachten.
Wüsst` ich doch, was besser tät -
wenn man Eis kauft oder lieber
für das Geld ins Schwimmbad geht!

An`ner Waffel lutsch ich höchstens
zehn Minuten, das ist klar!
Doch wie kühlend ist es, wenn ich
lange Zeit im Wasser war!

Darum nur nicht lang gefackelt,
schnell die Badehose her!
Ist auch unser kleines Schwimmbad
leider nicht das große Meer.

Ah, was macht das Baden Freude!
Hitze? Pah, was stört uns die?
Und wir brausen, schwimmen, spritzen,
springen, tauchen wie noch nie.

Über Wasser, unter Wasser!
Nur recht kräftig Luft geschnappt.
Ja, sogar vom Turm zu springen,
hat heut endlich mal geklappt.

Morgen gehen wir wieder baden -
und der Winter ist so weit!
Sonnenschein und Wasserplanschen!
Herrlich ist die Ferienzeit.

Mit Begeisterung lernten meine Schulkinder
dieses Gedicht aus dem Lesebuch und waren
alle der Meinung: Wenn man eine
Dauerkarte hat, bleibt noch Geld für ein Eis.

Studienplatz Freibad

Ein Redakteur in der Zeitung unterscheidet folgende Schwimmbadtypen:

Krauler

Er braucht viel Platz, rammt gnadenlos, was ihm vor den Bug paddelt. Er hat das Recht des Stärkeren, will nicht nur voran kommen, muss durchkommen.

Brustschwimmer

Meist ältere Frauen mit überragender Disziplin. Sie ziehen ihre Bahnen gerne am frühenMorgen. Sie fordern von anderen das Einhalten ihrer selbstgeschriebenen Regeln. Der Kraftaufwand beim Schwimmen steht oft im Missverhältnis zum Tempo.

Rückenschwimmer

Er wird leicht zum Hindernis für andere Schwimmer, deshalb schaut er sich dauernd ängstlich um, bis er Muskelkater im Nacken hat.

Muskelprotz und Model

Beiden geht es in erster Linie nicht ums Schwimmen. Er führt Waschbrettbauch und Trizeps vor, sie die aktuelle Bademode. Bikini und Höschen müssen verstohlen immer wieder zurechtgerückt werden.

Liebespärchen

Jüngere, meist pubertierende Jugendliche, die am Beckenrand ungeniert herumknutschen, bis der Bademeister einschreitet ...

Übergewichtige

Mit ihren wappelnden Bäuchen verdienen sie den uneingeschränkten Respekt des Redakteurs.

Geschichte vom kleinen Freibad

Es war einmal ein kleines Freibad, das seit drei Jahren keines mehr war. Die Stadt hatte kein Geld mehr es zu erhalten. Es war nur noch ein leeres Becken ohne Wasser und ohne Badegäste. Und ohne fröhlichen Kinderlärm. Den vermisste das Bad ganz besonders.

Dann wurde ein neuer Stadtrat gewählt und der sollte entscheiden, was mit dem Bad geschehen sollte: wegreißen oder erneuern. Und als die Entscheidung für erneuern fiel, da freute sich das kleine Bad.

Zwei Kinder, Tina und Jan, die öfter am kleinen Bad vorbeikamen erzählten dem Bad: „Du wirst wieder wunderschön werden. Sie machen dich ganz neu. Unser Papa hat es uns erzählt."

„Bekomme ich eine Riesenrutsche und ein Sprungbecken und ein Wellenbecken?", wollte das Bad wissen. Aber das wussten die Kinder nicht. „Aber wir freuen uns so sehr", sagten sie. „Und ich erst", sagte das kleine

Bad. „Ich freu mich ganz toll. Hoffentlich geht`s bald los!"

Und dann ging es wirklich los. Fahrzeuge, Bagger und Kran rückten an, schaufelten, gruben und baggerten und machten viel Krach. Betonplatten, Fliesen und Rohre wurden abgeladen, ja es war richtig was los!

Das kleine Bad ließ alles über sich ergehen. Hauptsache, sie reißen mich nicht ein, Hauptsache ich werde wieder ein richtiges Bad. Das schönste Bad will ich werden, weit und breit.

Und als das Schwimmbecken fertig war, träumte das Bad von einem hohen Sprungturm mit vier Sprungbrettern: 1m, 3m, 5m und 10 m. Aber es bekam keinen Sprungturm. Dann vielleicht eine Breitbandrutsche, überlegte das Bad. Kinder, die sich an der Hand halten und juchzend ins Wasser rutschen ...

Aber es bekam auch keine Breitbandrutsche. Und auch keine Maschine, die ab und zu hohe Wellen macht und alle   vergnügt auf und niederhüpfen … Das Bad träumte weiter von einer langen Röhrenrutsche, in der die Kinder um die

Kurven flitzen und dabei immer schneller werden .... Dann vielleicht eine Wasserkletterwand, das sollte der „Ultimative Kick für alle Wasserratten" sein. Klettern und ins Wasser fallen lassen …

Aber das Bad bekam weder das eine noch das andere. Eine neue Dusche wurde aufgestellt und fünf Startblöcke wurden montiert. Es bekam aber ein Becken mit Hangrutsche und ein Kleinkinderbecken mit einer Delphinrutsche. Das soll alles sein?

Das kleine Bad war enttäuscht. Der neue Spielplatz mit der hohen Schaukel, der große Sandkasten und der neue Kiosk vermochten es nicht zu trösten.

Doch dann kam der Tag der Einweihung.Viele Menschen standen um das Schwimmbecken. Die Startblöcke waren mit roten Schleifen geschmückt. Die Bürgermeisterin hielt eine Rede: „Wir sind sehr froh, dass wir wieder ein Freibad haben. Alle Wünsche konnten wir nicht erfüllen, aber das Wichtigste haben wir, nämlich das Wasser, das H_2O! Es ist kein Spaßbad und kein Erlebnisbad, aber es ist ein Bad für die ganze Familie, ein richtiges Familienbad, also von 0 – 100 Jahre. Und so heißt es auch: „Familienbad 0 – 100". Ein Bad, in dem alle Kinder schwimmen lernen können. Und die Hangrutsche hält auch Senioren aus. Wer traut sich?"

Die Leute klatschten begeistert. Der jüngste Badegast war der sechs Wochen alte Finn. Seine Mutter tauchte ihn mit den Füßen ins Wasser. Er krähte laut vor Begeisterung oder Empörung. Der älteste Badegast war die 94jährige Oma Schmittke, die glücklich mit ihrem Rollstuhl an den Beckenrand rollte und sich von ihrer Enkelin ins Becken helfen ließ. Übermütig spritzte sie die umstehenden Leute nass. „Dass ich das noch erleben darf!" Dann sangen die Kinder: „Endlich ist es nun soweit, unser Bad wird eingeweiht, unser Bad für groß und klein: 0 – 100, so soll`s sein". Da war das kleine Bad sehr, sehr glücklich.

Schluss

Probleme, die alle kleinen Freibäder haben: Badewetter oder kein Badewetter? Macht das Bad am Nachmittag auf? Jedes Bad hat andere Öffnungszeiten und andere „Schlechtwetterregeln". Im Zweifelsfall vorher anrufen. Und wenn man doch mal vor verschlossener Türe steht? Nein, nicht einfach ..... Hausfriedensbruch! Auch nicht über face-book Frust ablassen. Wenn schon face-book, dann nur positive Mitteilungen und Werbung!!

Wenn genügend Leute zum Schwimmen kommen, können kleine Bäder auch länger öffnen. Aber kein Bad kann wegen drei Badegästen bei schlechtem Wetter den ganzen Tag offen haben. Wer eine Saisonkarte hat, ist flexibel und kann auch mal kurz zeitig zum Schwimmen gehen.

Wenn man an die Eintrittspreise der Thermen und Spaßbäder denkt – geschenkt! Echte Frühschwimmer kommen auch bei

Regen, da gibt es immer eine feste Zeit.

Unterstützen oder gründen Sie Fördervereine. Auch wenn man nicht ins Schwimmbad geht, das Geld ist gut angelegt. Denken Sie an ihre Kinder und Enkelkinder. Unterstützen Sie Aktionen und Feste. Und wer unbedingt einmal eine längere Rutsche braucht, soll sie ausprobierten, aber dann wieder ab ins kommunale Freibad!

Und nein, kein Bad muss alle zwei Jahre mit neuen Attraktivitäten aufrüsten, um seine Gäste bei Laune zu halten. Zufrieden sein, wenn gesprungene Fliesen ausgetauscht werden oder die tropfende Dusche erneuert wird …

Denn etwas, was wir alle wieder lernen müssen: Manchmal ist weniger mehr! Der Unterhalt eines Freibads ist sehr teuer und ist eine freiwillige Leistung der Kommune und keine Pflichtaufgabe! Das sollte allen bewusst sein, die gerne schwimmen.

Bilder

Titelbild Badenixe

S. 8   Freibad Hollfeld

S. 13 Märklin Puppenbadeanstalt
       (Spielzeugmuseum Nürnberg)

S. 16 Mein erstes Buch 1955

S. 17 Tagebuchseite 1954

S. 23 Papierpuppen Mattel 1965

S. 24 mein Lieblingsbadeanzug 1959

S. 27 Freibad Naila 1958

S. 34 Badeordnung Freibad Hollfeld 1934

S. 35 Hollfelder Freibad 30er Jahre

S. 36 Freibad Hollfeld im Winter 2016
       (Foto von Harbach NK)
       Werbung bei der Landesgartenschau

S. 37 Hollfelder Triathlon 2016
       Blick auf das Bad

S. 43 Spaß auf der Hangrutsche

S. 48 Puppenbadeanstalt aus Blech
       (Zeitschrift Puppen und Spielzeug
       Nr. 5 / 1998)

S. 57 Postkarte 1920

S. 60 Badenixe Hollfelder Vorgarten